...la Angelus Novus — é um conjunto de doze poem...
...jovem poeta é recebido por Diderot, que se preocup...
...ndichéry e a enriquecer lá", como lemos na nota d...
...se argumento, a má qualidade dos versos, dá a poet...
...Adília, como vemos com a personagem Mariana A...
...e perguntas do segundo parágrafo da nota introd...
...ecanismos da ironia e da irrisão. Cito a nota de A...
...nsformado em "Diderot (ou quem fala por ele em...
...vem que escrevia maus versos partir para Pondichér...
...nscrevo o trecho do romance de Diderot or...
...tória do poeta de Pondichéry, a história do...
...eta, como acontece diariamente... Mas, leitor,...
...talista, e de seu amo?... A história do poeta de...
...gacidade, gênio, gosto, bondade e outras cois...
...e venham me repetindo tudo isso há mais d...
...n papel do bolso. São meus versos disse me.
...dar vossa opinião sobre eles. Apreciais a verd...
... quê?! Sois tolo o bastante para crer que um poeta...
...? Seguramente! Sem contemplação? Sem dúvida...

O poeta de Pondichéry

Edição apoiada pela Direção-Geral do Livro, dos Arquivos e das Bibliotecas/Portugal.

O poeta de Pondichéry

Adília Lopes

Título original: O poeta de Pondichéry
© Adília Lopes e Assírio & Alvim — Grupo Editora Porto Editora, 2019.
Autora: Adília Lopes

Edição:
Camila Araujo & Nathan Matos
Assistente Editorial: Sérgio Ricardo
Revisão: LiteraturaBr
Diagramação e Projeto Gráfico: Nathan Matos e Luís Otávio
Capa: Luís Otávio

1ª edição, Belo Horizonte, 2019.

Nesta edição, respeitou-se a edição original.

Dados Internacionais de Catalogação na Publicação (CIP) de acordo com ISBD

L864p
Lopes, Adília
O poeta de Pondichéry / Adília Lopes. – Belo Horizonte, MG : Moinhos, 2019.
72 p. ; 14cm x 21cm.
ISBN: 978-85-45557-95-1
1. Literatura portuguesa. I. Título.

2019-690
                              CDD 869
                              CDU 821.134.3

Elaborado por Vagner Rodolfo da Silva – CRB-8/9410

Índice para catálogo sistemático:
1. Literatura portuguesa 869
2. Literatura portuguesa 821.134.3

Todos os direitos desta edição reservados à Editora Moinhos
editoramoinhos.com.br
contato@editoramoinhos.com.br

Sumário

17	I
21	II
31	III
35	IIII
39	V
43	VI
47	VII
51	VIII
55	IX
59	X
63	XI
67	XII

Apresentação

O poeta de Pondichéry – segundo livro de Adília Lopes, publicado, em 1986, pela Editora Frenesi, e, em 1998, pela Angelus Novos – é um conjunto de doze poemas que narra a história de "um jovem que escreve versos".
O jovem poeta é recebido por Diderot, que se preocupa "com a fortuna do mau poeta" e "aconselha-o a partir para Pondichéry e a enriquecer lá", como lemos na nota de introdução. Na opinião de "Diderot", os versos são maus. E esse argumento, a má qualidade dos versos, dá a poeta ironista uma base para criar sua própria história. Estratégia à Adília, como vemos com a personagem Mariana Alcoforado, por exemplo, personagem em tantos poemas.
As perguntas do segundo parágrafo da nota introdutória do livro indicam um agudíssimo entendimento dos mecanismos da ironia e da irrisão. Cito a nota de Adília Lopes:

> [p]orque que o mau poeta deve ir para Pondichéry e não para outro lugar? Porque é que os seus pais são joalheiros? Porque é que juntou 100 000 francos? E porque é que passou doze anos em Pondichéry? Não sei explicar. O que me atrai é precisamente isto: Pondichéry, pais joalheiros, 100 000 francos, doze anos.

Diderot, o filósofo e escritor do século XVII, é transformado em "Diderot (ou quem fala por ele em *Jacques Le Falaliste*)". O "Diderot" de Adília recomenda ao jovem que escrevia maus versos partir para Pondichéry e enriquecer lá, "E a que sobretudo não publique os versos".

Transcrevo o trecho do romance de Diderot em que o poeta de Pondichéry aparece:

"– Não, não, a história do poeta de Pondichéry, a história do poeta de Pondichéry. – Um dia veio a mim um jovem poeta, como acontece diariamente... Mas, leitor, que relação há entre isto e a viagem de Jacques, o Fatalista, e de seu amo?... – A história do poeta de Pondichéry. – Depois das exortações ordinárias à minha sagacidade, gênio, gosto, bondade e outras coisas, das quais não acredito numa só palavra, por mais que venham me repetindo tudo isso há mais de vinte anos e, talvez, de boa fé, o jovem poeta tirou um papel do bolso: – São meus versos – disse-me. – Versos! – Sim, senhor, e espero que tenhais a bondade de dar vossa opinião sobre eles. – Apreciais a verdade? – Sim, senhor, e pergunto-vos qual é. – Ireis saber. – O quê?! Sois tolo o bastante para crer que um poeta venha buscar a verdade junto a vós? – Sim. – A ponto de dizer-lha? – Seguramente! – Sem contemplação? – Sem dúvida: cá contemplação mais cultivada seria apenas uma ofensa grosseira; fielmente interpretada, significaria que sois um mal poeta. Como creio que sois bastante forte para ouvir a verdade, posso ainda vos dizer que sois um homem insosso. – E a fraqueza sempre teve êxito junto a vós? – Quase sempre... Li os versos de meu jovem poeta e disse-lhe: – Vossos versos não são apenas ruins; foi-me demonstrado também que nunca fareis bons. – Então devo continuar fazendo maus versos, pois não consigo deixar de fazê-los. – Eis uma terrível maldição! Senhor, concebeis em que espécie de aviltamento incorrereis? Nem os deuses, nem os homens, nem as colunas perdoaram a mediocridade aos poetas; foi Horácio quem disse. – Eu sei. – Sois rico? – Não. – Sois pobre? – Muito pobre. – E

ireis juntar à pobreza o ridículo de ser mau poeta... Perdereis vossa vida, ficareis velho. Velho, pobre e mau poeta. Ah! Senhor, que papel! – Estou ciente de tudo isso, mas sou levado, à minha revelia ... (aqui Jacques teria dito: "Mas isso está escrito lá em cima.") – Tendes pais? – Tenho. – Qual é sua posição? – São joalheiros. – Fariam algo por vós? – Talvez. – Muito bem! Procurai vossos pais, propondo-lhes que vos adiantem uma trouxinha de joias. Embarcai para Pondichéry; fareis maus versos no caminho, mas, quando chegardes, enriquecereis. Uma vez feita vossa fortuna, voltai a fazer aqui tantos maus versos quanto vos aprouver, conquanto não os mandeis imprimir, pois não cumpre arruinar ninguém... Há mais ou menos doze anos deu este mesmo conselho a um moço que veio a mim; hoje não seria capaz de reconhecê-lo. – Fui eu mesmo, senhor – disse-me –, que enviastes a Pondichéry. Fui até lá, juntei uma centena de mil francos. Voltei, pus-me a fazer versos, e eis o que vos trago... Ainda são ruins? – Ainda. Vossa sorte está selada; nada posso fazer, senão consentir que continueis a fazer maus versos. – É exatamente essa a minha intenção..." (Diderot, 1993, p. 45)

    Esta pequena narrativa contada em doze poemas funciona como uma metáfora irônica da condição poética – eis que volta a lume a ironia tão cara a Adília. Pondichéry, situada na Costa de Coromandel, na Índia, é um lugar multicultural que combina ioga e ciência. Por que, para Diderot, um dos primeiros autores que faz da literatura um ofício, este seria o lugar apropriado aonde o jovem que fazia maus versos deveria ir para fazer fortuna? A pergunta é o que interessa a Adília, e a mim também, mas deixo a questão de lado para pensar não na ida para Pondichéry, mas na volta do jovem para perto de Diderot, a quem *O poeta de Pondichéry* deve a "fortuna" e os "desgostos". No poema "II" do livro, a personagem "Diderot" causa no jovem ("mau") poeta uma dependência combinada a uma relação de admiração e devoção. No entanto, tornando esta vinculação ainda mais esquizofrênica, há também um imenso incômodo d'o *poeta de Pondichéry* por viver submetido a esta relação.

O jovem poeta dedica seus poemas "À Denis" – em francês –, por assim supor que não haverá "embaraços". Na estrofe em que o substantivo "embaraços" aparece, *O poeta de Pondichéry* fala da sua dedicação a Diderot, primeiro porque ele vai dedicar todos os poemas àquele mestre e segundo porque, desde a ida para Pondichéry até o asilo onde o "fecharam", como vemos no último poema do livro, os gestos do jovem poeta são voltados para o gosto de Diderot. Podemos observar isso nos versos "não sei sobreviver a Diderot/ Diderot pouco se importava comigo", em que *O poeta de Pondichéry* confessa flagrantemente, por saber da morte de Diderot, a sua insignificância para este, mais que isso, a pequenez que era a sua existência diante da grandiosidade de Diderot.

A ideia de sacrifício que inicia o poema, ao mesmo tempo em que salienta a posição crítica de Diderot, mostra o atrelamento afetivo do jovem poeta a seu mestre. Isso porque é Diderot que o jovem poeta admira tanto a ponto de dedicar "toda uma vida em vista de um poema/ de que Diderot não gosta", com a vontade de que ele goste, na verdade. Entretanto, ao mesmo tempo, a dúvida em "sacrificar bezerros recém-nascidos", assim como sacrifica "mais uma página em branco", acentua, ainda que levemente, certa falta de crença na crítica de Diderot.

O décimo segundo poema de *O poeta de Pondichéry* narra o triste fim do jovem poeta que, em uma "cela", juntamente com outros "asilados", teme que não possa mais escrever.

> *Deixei crescer muito a minha unha do indicador direito*
> *para poder escrever os meus poemas nas paredes da cela*
> *porque no asilo onde me fecharam*
> *não me dão tinta nem papel para escrever*
> *escrevo durante a noite*
> *porque durante o dia os asilados*
> *que estão na cela comigo*
> *estão sempre a espiar-me*
> *e quando os outros se põem a olhar para mim*

deixo de saber como me chamo
tenho saudades do meu quarto
no alto da torre de marfim
que mandei construir em Pondichéry
chamava o meu criado
com um sistema complicado de campainhas
porque a torre tinha mil e sete degraus
pensava que se Diderot fosse a Pondichéry
não podia deixar de me visitar
mas Diderot foi a Pondichéry
e não me visitou
agora quando batem à porta da cela
penso primeiro que é Diderot
que vem me visitar
mas lembro-me de que Diderot morreu
e fico com medo de que seja alguém
para me cortar as unhas

   O poema descreve o final d'*O poeta de Pondichéry*, que se esquece da morte de Diderot, e, por isso, muitas vezes ainda acredita que o escritor o irá visitar, expressa a dor deste jovem poeta – dor de ter sempre alguém a interditar a sua escrita. No princípio foi Diderot que, mandando-o para Pondichéry, queria que o jovem parasse de escrever e fizesse fortuna. E agora, ao final da sua trajetória, é o fantasma de Diderot que o assusta. Pois, mesmo morto, "alguém", assim como Diderot faria se vivo, pode cortar suas "unhas", mantidas grandes para que ele possa "escrever" "poemas nas paredes da cela", na falta de "papel" e "tinta". Já não é mais uma questão sacrificar o papel, como fora no segundo poema; o que o asilado de Pondichéry quer é poder, ao menos, escrever.

Raquel Menezes

Diderot (ou quem fala por ele em *Jacques le Fataliste*) recebe um jovem que escreve versos. Acha os versos maus e diz ao jovem que ele há-de fazer sempre maus versos. Diderot preocupa-se com a fortuna do mau poeta. Pergunta-lhe se tem pais e o que fazem. Os pais são joalheiros. Aconselha-o a partir para Pondi- chéry e a enriquecer lá. E a que sobretudo não publique os versos. Doze anos mais tarde o poeta volta a encontrar-se com Diderot. Enriqueceu em Pondichéry (juntou 100 000 francos) e continua a escrever maus versos.

Porque é que o mau poeta deve ir para Pondichéry e não para outro lugar? Porque é que os seus pais são joalheiros? Porque é que juntou 100 000 francos? E porque é que passou doze anos em Pondichéry? Não sei explicar. O que me atrai é precisamente isto: Pondichéry, pais joalheiros, 100 000 francos, doze anos.

mas há uma diferença

nos montes não há pedras boas e pedras más

e nos livros há poemas bons e poemas maus

as concubinas as sedas os damascos e os

diamantes

não o consolam de escrever maus poemas

emenda muito os seus poemas

i

Voltou de Pondichéry no meio
de sedas damascos diamantes e concubinas
o cordão de ouro da mãe
não serviu para pagar
a edição dos seus poemas
mas para pagar a passagem
para Pondichéry
onde veio a fazer fortuna
nenhuma musa teve a caridade
de gelar a tinta no seu tinteiro
também nunca lhe faltou o pão com queijo branco
nem o papel
tanto o papel para escrever poemas
como o papel de carta
escreveu cartas a Diderot
a que juntou poemas
Diderot nunca lhe respondeu no
regresso recebeu-o com frieza
dei-lhe um conselho sensato
o que é que queria mais?
a obstinação do poeta de Pondichéry
em escrever poemas que Diderot acha maus
é como a de Sísifo
mas há uma diferença
nos montes não há pedras boas e pedras más
e nos livros há poemas bons e poemas maus

as concubinas as sedas os damascos e os diamantes
não o consolam de escrever maus poemas
emenda muito os seus poemas
os papéis que os herdeiros vão encontrar
depois da sua morte
parecem palimpsestos
mas as emendas são como um eczema
sobre uma pele de que nunca se gostou

Para quê sacrificar mais uma página em

branco?

Vou dedicar todos os meus poemas a Diderot

Se não tivesse conhecido Diderot

Mercurocromo bofetadas café com leite ópio

toda uma

ii

1

Para quê sacrificar mais uma página em branco?
se ainda se escrevesse em peles de bezerros recém-nascidos
atrevia-me a sacrificar bezerros recém-nascidos?
acho que sim

2

Vou dedicar todos os meus poemas a Diderot
escrevo só À Denis
ele sabe que é esse Denis
eu também
as outras pessoas não
não há cmbaraços

3

Se não tivesse conhecido Diderot
dizia hoje coisas diferentes das que digo hoje
devo-lhe a minha fortuna e os meus desgostos

4

Mercurocromo bofetadas café com leite ópio
toda uma vida em vista de um poema
de que Diderot não gosta

esses poemas são a parte visível de um
iceberg
de que acho a parte submersa envergonhante
e não ponho as mãos no fogo pela parte
visível
uma metáfora que dura muito tempo

iii

Parti para fazer fortuna
e para escrever poemas
de que eu (e Diderot) pudéssemos gostar mais
reli os poemas que escrevi em Pondichéry
não gosto deles
de tudo o que escrevi em Pondichéry
guardo um ou dois poemas
esses poemas são a parte visível de um iceberg
de que acho a parte submersa envergonhante
e não ponho as mãos no fogo pela parte visível
uma metáfora que dura muito tempo
leva a dizer disparates como este
uma metáfora permite aproximações mais vertiginosas
do que o bólide inter-galáctico
mas não deve durar muito tempo
penso que troquei diamantes por papel
que agora rasgo sem furor
dediquei-me a um luxo que era um lixo
no cofre do tesouro em vez do tesouro
estava um ninho de víboras
ou cotão (que é mais desolador do que víboras)
se escrevesse um poema sobre Diderot
escrevia os teus ossos e os teus olhos
evito escrever
e vivo como escrevo

não vejo o que possa ser comer poemas

talvez fazer contas ou hieróglifos obscenos

nos papéis onde estão os meus poemas

não vejo quem possa ser a águia

iiii

Tenho pelos meus poemas
a ternura que a coruja tinha pelos filhos
mas não tenho a sua cegueira
porque sei que Diderot acha os meus poemas maus
a coruja disse à águia
podes comer os passarinhos que quiseres
mas não comas os meus filhos
os meus filhos são os passarinhos mais bonitos
que encontrares na floresta
a águia comeu os filhos da coruja
comi os teus filhos porque eram feios
disse a águia à coruja
as comparações são muito perigosas
(como os diamantes)
certas comparações valem fortunas
não vejo o que possa ser comer poemas
talvez fazer contas ou hieróglifos obscenos
nos papéis onde estão os meus poemas
não vejo quem possa ser a águia
Diderot não é a águia
mas uma pessoa neste momento
pode estar a fazer contas e hieróglifos obscenos
num dos meus poemas
não vejo uma águia a fazer contas e hieróglifos obscenos
nos filhos de uma coruja
talvez Walt Disney visse

cobertos de escamas e de baba amarela

se não tinha uma beliscadura sequer?

lembrava-se do aperto de mão seco de

Diderot

voltou para o palácio com a roupa

amarrotada

v

Em Pondichéry o poeta esteve quase a morrer
foi passear para ao pé de um templo em ruínas
e uma python começou a estrangulá-lo
depois desistiu
e foi rastejar para as ruínas do templo
durante o corpo a corpo com a python
o poeta lembrou-se de frases
que tinha ouvido ao longo do passeio
olhe tem um sapato desapertado
cuidado uma python
os seus poemas não prestam
a frase de Diderot não a tinha ouvido
durante o passeio
mas passava o tempo todo a ouvi-la
não queria que no dia seguinte dissessem dele
foi o homem que foi estrangulado pela python
porque gostava de pensar que depois da sua morte
alguém (Diderot?) diria dele
foi o homem que escreveu "As rosas de mármore"
intrigava-o que a python tivesse desistido de o estrangular
estava até envergonhado
para quê o aperto daqueles anéis medonhos
cobertos de escamas e de baba amarela
se não tinha uma beliscadura sequer?
lembrava-se do aperto de mão seco de Diderot
voltou para o palácio com a roupa amarrotada

não disse nada a ninguém
escreveu um telegrama a Diderot
mandei-lhe "As rosas de mármore"
por favor não as leia
rasgue-as
reparei hoje que detesto esse poema

os diamantes e as safras

pesava e fazia contas

mas não me saíam da cabeça versos

vi

Em Pondichéry tinha de pesar diamantes e safiras
para ter os livros de contas em ordem
passava o dia sentado a uma mesa
iluminada por uma janela
com os vidros pintados de branco
para as pessoas de fora não verem
os diamantes e as safiras
e assim não terem a tentação de roubar
os diamantes e as safiras
pesava e fazia contas
mas não me saíam da cabeça versos
que se tornavam mais presentes do que a balança
eclipse nesse passo o Sol padeça
sagra sinistro a alguns o astro baço
zafir pérola aver rubi diamante
e eu que em Pondichéry
via tão bem os astros e as pedras preciosas
parecia-me que via melhor os astros e as pedras preciosas
quando repetia esses versos
do que quando via os astros e as pedras preciosas
enganava-me a pesar um diamante
porque quando dizia diamante dizia
maravilhas em armas estremadas
Diderot tinha-me prevenido
não leia versos
os versos podem ser perigosos como o fogo
leia romances policiais

...ue ele é bom

para a seguir lhe mostrar um poema

e ouvir dizer que ele é bom

conhece a expressão do ut des?

Tenho as gavetas cheias de papéis escritos
poemas e cartas que não cheguei a mandar a Diderot
os poemas escrevi-os num papel barato
não sou capaz de escrever um poema num leque
depois do que Diderot me disse
se quiser ouvir dizer que os seus poemas são bons
procure outra pessoa
há sempre quem diga de um poema
que ele é bom
para a seguir lhe mostrar um poema
e ouvir dizer que ele é bom
conhece a expressão do ut des?
em espanhol também há uma expressão para isso
mas agora não me lembro
não mostrei os poemas a outra pessoa
nem eu próprio os leio
porque tenho medo
as cartas estão fechadas e têm selo
escrevi-as num papel nem muito caro nem muito barato
para não constranger Diderot
nunca escrevi cartas de amor
mas costumo pensar que escrevi cartas ridículas
e por ter a mania de pôr o carro à frente dos bois
acho que todas as cartas ridículas são cartas de amor
espero que estes poemas e estas cartas
que não sei porquê guardo

não vão parar a uma vitrine
espero que vão parar às mãos dos trapeiros
porque os trapeiros não são curiosos
já vi um trapeiro acabar de roer um caroço de pêro
sem pensar nos dentes e nos beiços que tinham roído o que faltava

é-me indiferente

mesmo entre os braços das mais deliciosas

húris de Pondichéry

pensava em Diderot

não vale a pena pois procurar um bordel

parisiense

para me consolar

da morte de Diderot

Soube hoje pelos jornais que Diderot morreu
não vou ao enterro
nem irei mais tarde depositar flores
no seu túmulo
quando ninguém estiver a olhar
de certo modo acho que devia ter sido ele
a anunciar-me a sua morte
não me admira que não o tenha feito
não me mandou *Les Bijoux Indiscrets*
e eu estava em Paris
nem sequer estava em Pondichéry
que vou fazer agora?
posso escrever tudo e posso publicar tudo
por isso escrever e publicar depois da morte de Diderot
é-me indiferente
mesmo entre os braços das mais deliciosas huris de Pondichéry
pensava em Diderot
não vale a pena pois procurar um bordel parisiense
para me consolar
da morte de Diderot
e de escrever poemas de que Diderot não gostava
para mim o que Diderot me disse
tem sido a ervilha debaixo dos cem édredons
que prova que a rapariga esfarrapada é uma princesa
porque apesar dos cem édredons
sente a ervilha

no meu caso não prova nada a ninguém (hélas!)
o criado que me abriu a porta
quando Diderot me recebeu
nem se deve lembrar de mim
Diderot só me recebeu duas vezes
e ele recebia muita gente
quando li a notícia no jornal
pensei que não podia escrever mais nada
morreu o bicho acabou-se a peçonha
mas agora não penso assim
talvez escreva um "Requiem por Diderot"
ou "As deliciosas huris de Pondichéry"
para quem? para Diderot claro

mas gosto mais de dormir

num divã de sumaúma que trouxe de

Pondichéry)

penso que sou esse desmazelado

Os médicos disseram a um desmazelado
que ele ia morrer
e o desmazelado disse
folgo muito por não me andar
a vestir e a despir todos os dias
agora aqui no meu divã
(tenho uma cama com um dossel de damasco carmesim
mas gosto mais de dormir
num divã de sumaúma que trouxe de Pondichéry)
penso que sou esse desmazelado
não porque esteja para morrer
mas porque Diderot morreu ontem
não me vou vestir de luto
não me vou vestir
vou andar de robe e de chinelos
e não ponho os meus anéis
se o meu criado perguntar alguma coisa
digo-lhe que estou constipado
como se a morte de Diderot e uma constipação
fossem a mesma coisa

piquei-me três vezes

não pedi ao meu criado

que costurasse ele o saquinho de veludo

preto

x

Assaltaram a casa de Diderot
e tudo o que levaram foi
os meus poemas e as minhas cartas
recebi um bilhete anónimo
se não deixar um saquinho de veludo preto
com cinco diamantes sete safiras e doze rubis
no ossário das catacumbas de Paris
até ao meio-dia de hoje
os seus poemas e as cartas que escreveu a Diderot
serão publicados nos jornais da tarde
despejei gavetas à procura de veludo preto
para costurar à pressa o saquinho
tive de pedir ao meu criado
que enfiasse a agulha
(disse-lhe que tinha de pregar um botão)
piquei-me três vezes
não pedi ao meu criado
que costurasse ele o saquinho de veludo preto
porque ele é muito desconfiado
e o veludo preto muito suspeito
não fui capaz de esperar por um fiacre
fui a pé até às catacumbas
sentia-me tão inquieto
a cumprir as instruções do chantagista
como há mais de doze anos ao bater à campainha
da casa de Diderot

para lhe mostrar os meus poemas
comprei todos os jornais da tarde
e fiquei muito aliviado
por ver que não traziam nada escrito por mim
mas de noite tive um pesadelo
enganava-me a contar os rubis
metia no saquinho de veludo preto treze rubis
e o chantagista publicava um postal ilustrado
que eu escrevi a Diderot de Pondichéry

posso vender os meus versos

a um editor de livros escandalosos

porque é um escândalo afirmar

depois da morte de Diderot

que o poeta de Pondichéry perdeu toda a sua

fortuna

e publicou os seus versos

sem arruinar ninguém

A centena de mil francos
que consegui juntar em Pondichéry
perdi-a a jogar aos dados
numa estalagem
com bancos pintados de verde
(com bancos pintados de verde?
como é fácil fazer versos!)
os maus versos as horas passadas a pesar
diamantes rubis e safiras
a entrevista com Diderot
que ainda hoje me dói tanto
levaram-me afinal à miséria
posso vender os meus versos
a um editor de livros escandalosos
porque é um escândalo afirmar
depois da morte de Diderot
que o poeta de Pondichéry perdeu toda a sua fortuna
e publicou os seus versos
sem arruinar ninguém
publicou até os seus versos para ganhar o seu pão
com queijo branco
já pensei atirar ao Sena
os meus versos
ou atirar-me eu próprio ao Sena
e deixar os meus versos na ponte
mas em que ponte?

podia escolher uma ponte à sorte
preferia pedir um conselho a Diderot
sobre a ponte
não sei sobreviver a Diderot
Diderot pouco se importava comigo

mas lembro-me de que Diderot morreu
e fico com medo de que seja alguém
para me cortar as unhas

xii

Deixei crescer muito a minha unha do indicador direito
para poder escrever os meus poemas nas paredes da cela
porque no asilo onde me fecharam
não me dão tinta nem papel para escrever
escrevo durante a noite
porque durante o dia os asilados
que estão na cela comigo
estão sempre a espiar-me
e quando os outros se põem a olhar para mim
deixo de saber como me chamo
tenho saudades do meu quarto
no alto da torre de marfim
que mandei construir em Pondichéry
chamava o meu criado
com um sistema complicado de campainhas
porque a torre tinha mil e sete degraus
pensava que se Diderot fosse a Pondichéry
não podia deixar de me visitar
mas Diderot foi a Pondichéry
e não me visitou
agora quando batem à porta da cela
penso primeiro que é Diderot
que me vem visitar
mas lembro-me de que Diderot morreu
e fico com medo de que seja alguém
para me cortar as unhas

...lia ... (aqui Jacques teria dito: "Mas isso está e... ...cição? São joalheiros. Fariam algo por vós? Ta... ...e vos adiantem uma trouxinha de joias. Emba... ...s, quando chegardes, enriquecereis. Uma vez ...sos quanto vos aprouver, conquanto não os m... ... mais ou menos doze anos deu este mesmo ... ...az de reconhecê-lo. Fui eu mesmo, senhor   d... ...a centena de mil francos. Voltei, pus-me a fa... ...da. Vossa sorte está selada, nada posso fazer... ...xatamente essa a minha intenção..." (Diderot, ...mas funciona como uma metáfora irônica da c... ...ília. Pondichéry, situada na Costa de Coromande... ...iência. Por que, para Diderot, um dos primeiros ... ...ropriado sendo o jovem que fazia maus versos d... ...dília, e a mim também, mas deixe a questão d... ...ta do jovem para perto de Diderot, a quem O p... ...ma "II" do livro, a personagem "Diderot" causa... ...ma relação de admiração e devoção. No entant... ...também um imenso incômodo do Poeta ...

lá em cima.") Tendes pais? Tenho. Qual é
Muito bem! Procurai vossos pais, propondo lh
ara Pondichéry, fareis maus versos no caminh
vossa fortuna, voltai a fazer aqui tantos ma
s imprimir, pois não cumpre arruinar ninguém
lho a um moço que veio a mim; hoje não se
e, que enviastes a Pondichéry. Fui até lá, jun
ersos, e eis o que vos trago... Ainda são ruins
ão consentir que continueis a fazer maus vers
p. 45) Esta pequena narrativa contada em do
ão poética eis que volta a lume a ironia, tão car
Índia, é um lugar multicultural que combina io
s que faz da literatura um ofício, este seria o lug
ir para fazer fortuna? A pergunta é o que interes
para pensar não na ida para Pondichéry, mas
e Pondichéry deve a "fortuna" e os "desgostos".
vem ("mau") poeta uma dependência combina
rnando esta vinculação ainda mais esquizofrêni
ndichéry por viver submetido a esta relaç

Este livro foi composto em Adobe Garamond Pro em papel pólen bold. para a Editora Moinhos enquanto Gilberto Gil cantava Lamento Sertanejo em junho de 2019.